Impressum
Verlag: BABADADA GmbH, Nedderfeld 112 , 22529 Hamburg
Geschäftsführer / Verlagsleitung: Harald Hof
Druck: Books on Demand GmbH, In de Tarpen 42, 22848 Norderstedt

Imprint
Publisher: BABADADA GmbH, Nedderfeld 112 , 22529 Hamburg, Germany
Managing Director / Publishing direction: Harald Hof
Print: Books on Demand GmbH, In de Tarpen 42, 22848 Norderstedt

دبستان
學校

教室
پارکرن
除
186/2
تەختە
黑板
هەوشا دبستانێ
مامۆستە
老師
کاخەز
紙
نڤیساندن
書寫
筆
辦公桌
راستەک
直尺
پرتووک
書
خوەندەکار
學生

چەوال

書包

قووتی نڤیستوک

鉛筆盒

قەلەمرساس

鉛筆

نڤیستوک تووژکر

削鉛筆機

ژێبر

橡皮擦

نڤیسکا نیگارێ

畫板

2 دبستان - 學校

نیگار

圖畫

فرچەیا ڕەنگێ

畫筆

قووتی ڕەنگ

顏料盒

مەقەس

剪刀

لەزاق

膠水

پرتووکا فێربوون

練習冊

وەزیفا مالێ

家庭作業

هەژمار

數字

زێدەکرن

加

دەرخستن

減

زێدەکرن

乘

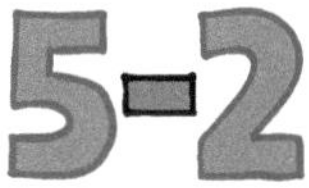

هەسباندن

計算

A

تیپ

字母

ABCDEFG
HIJKLMN
OPQRSTU
VWXYZ

ئالفابە

字母表

پەیڤ

字

نڤیسێ

課文

خواندن

讀

گەچ

粉筆

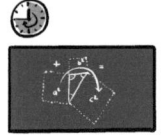

دەرس

上課

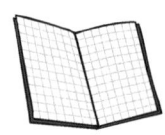

قەیدکرن

登記

ئیمتیهان

考試

شەهادە

證書

کنجا دبستانێ

校服

پەروەردەهی

教育

زانستنامە

百科全書

زانینگە

大學

میکرۆسکووپ

顯微鏡

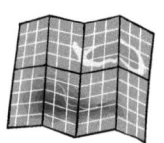

خەریتە

地圖

سەپەتا کاخەزێ

廢紙簍

مێڤانخانە
飯店
مێڤانخانە
青年旅社
ئۆفیسا پەرە ڤەگوهارتنێ
外幣兌換處
جەنتە
手提箱
ماشین
汽車

زمان

語言

بەلێ / نا

是/否

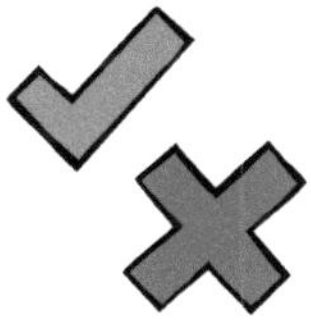

باش

好的

سلاڤ

您好

وەرگێرا نڤیسکی

翻譯人員

سپاس

謝謝

بهایێ ... چ قاسە؟

……多少錢？

ئەز فام ناکم

我不明白

ئاریشە

問題

ئێڤار باش!

晚上好！

سپێدێ باش!

早上好！

شەڤ باش!

晚安！

خاترێ تە

再見

ئالی

方向

هوورموور

行李

چەنتە

包

چەنتە پشت

背包

مێڤان

客人

ئۆدە

房間

جامە خەو

睡袋

چادر

帳篷

ئاگاگيىن گەرۆكان

旅行資訊

رەخىي ئاقىي

海灘

كارتىي قەرزىي

信用卡

تاشتىي

早餐

فراقىن

午餐

شيف

晚餐

كارت

票

ئاسانسۆر

電梯

پوول

郵票

تخووب

邊界

گومرک

海關

باليۆزخانه

大使館

ڤیزا

簽證

پاساپۆرت

護照

گوهازتن

交通運送

飛機
船
消防車
公車
كاميۆن
卡車
汽艇
ماشين
汽車
腳踏車

پاپۆر

渡輪

پاپۆر

小船

مۆتۆرسيكلێت

機車

ترمبێلا پۆليسێ

警車

ترمبێلا پێشبازيێ

賽車

ئەرەبە كرێكرنێ

租車

ماشین پەرڤەکرن

....

拼車

کامیۆنا کشاندنێ

....

拖車

کامیۆنا خوەلی

....

垃圾車

مۆتۆرسیکلێت

....

馬達

مازۆت

....

汽油

ئیستەگەها بەنزینێ

....

加油站

تابلۆیا ترافیکێ

....

交通標識

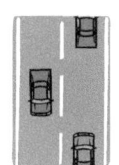

هاتنووچوون

....

交通

ترافیک

....

交通堵塞

جهێ پارکێ

....

停車場

راوەستەکا ترێنێ

....

火車站

رێچ

....

軌道

ترێن

....

火車

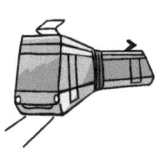

ترێنێ کۆلانێ

....

路面電車

ئەرەبە

....

客車廂

بابرۆک

直升機

بالافرگەه

機場

برج

塔

مسافر

乘客

قووتی

集裝箱

قووتی

紙板箱

گرگرۆک

手推車

سەلک

籃子

رابوون / نیشتن

起飛/降落

باژار

城市

گوند

村莊

ناڤەندا باژارێ

市中心

خانی

房子

سینەما
電影院
ڕێکلام
廣告
路燈
街道
تاکسی
計程車
小吃店
行人
人行道
ڕێیا دەربازبوونێ
斑馬線
垃圾箱
ڕێیا دەربازبوونێ
十字路口
چرایێن ترافیکێ
紅綠燈

کۆخ

小屋

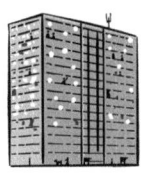

خانی

公寓

ڕاوەستگەها ترێنێ

火車站

تەلارا شارەڤانی

市政廳

مووزەخانە

博物館

دبستان

學校

زانىنگە

大學

بانک

銀行

نەخوەشخانە

醫院

مێڤانخانە

飯店

دەرمانخانە

藥房

ئۆفیس

辦公室

کتێبفرۆشی

書店

دکان

商店

گولفرۆش

花店

بازار

超市

بازار

市場

سوپەرمارکەت

百貨商店

ماسیفرۆش

魚店

ناڤەندا کرین

購物中心

بەندەر

海港

پارک

公園

سەکوو

長凳

پر

橋

دەرنجە

樓梯

ژێر ئەردی

捷運

تونێل

隧道

ئیستگەها ئۆتۆبووس

公車站

بار

酒吧

خوارنگەه

餐館

سندووقا پۆستێ

郵筒

نیشاندەرکا رێیێ

路標

مەترا پارکینگێ

停車計時器

باخچا هەیوانان

動物園

هەوزا مەلەڤانی

游泳池

مزگەفت

清真寺

جۆتگەه

農場

لەوتاندنا دەردۆر

污染

گۆرستان

墓地

کەنیسە

教堂

ئەردێ لەیستنێ

操場

پەرستگەه

寺廟

تەبیەت

地形

گەلا
樹葉
نیشاندەرکا رێ
指示牌
路
石頭
دار
樹
徒步旅行者
چەم
河
گیا
草
花

دۆل

峡谷

گر

丘陵

گۆل

湖

دارستان

森林

بەيابان

沙漠

ۋۇلكان

火山

كەلمە

城堡

كەسكەسۆر

彩虹

كۋارك

蘑菇

دارقەسپ

棕櫚樹

مخمخک

蚊子

مىش

蒼蠅

مىرى

螞蟻

هنگ

蜜蜂

پىرى

蜘蛛

كىٚزك

甲蟲

بەق

青蛙

سهۆر

松鼠

ژيژۆك

刺蝟

كەرگوھ

野兔

پەپووك

貓頭鷹

چۋيك

鳥

قوو

天鵝

بەرازى كۆڤى

野豬

پەزكۆڤى

鹿

پەزكۆڤى

麋鹿

بەنداڤ

水壩

توورب‍ينا با

風力發電機

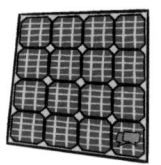

پانەلا خۆرى

太陽能電池板

ئاڤ و ھەوا

氣候

خوارنگەه

餐館

بەرکار
服務生
菜譜
کورسی
椅子
شۆربە
湯
پیزا
披薩餅
چەتەل و چەمچک
سفره
桌布

خوارنا دەستپێک
....
前菜

خوارنا سەرەکی
....
主菜

شیرانی
....
甜點

ڤەخوارنان
....
飲料

خوارن
....
食物

جام
....
瓶子

خوارنا لەز

速食

خوارنا رێیێ

街邊小吃

چایدانک

茶壺

قووتی شەکرێ

糖盒

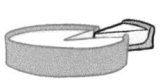

بەش

一份飯菜

مەکینا چێکرنێ ئەسپرەسسۆ

義式咖啡機

کورسیا بلیند

高腳椅

هەساب

帳單

سێنی

托盤

کێر

刀

چەتەل

餐叉

کەڤچی

勺子

کەڤچیا چای

茶匙

پێشگر

餐巾

قەدەھ

玻璃杯

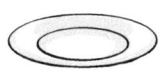

تەیفک

碟子

تەیفکا شۆربە

湯盤

پیالە

碟子

چێنج

醬

خوێدانک

鹽瓶

قووتی بیبار

胡椒研磨罐

سێک

醋

روون

食用油

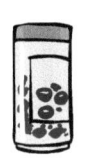

بهارات

調味料

کەتچاپ

番茄醬

موستارد

芥末

مایۆنێز

美乃滋

بازار

超市

پىشكىشىن تايبەت
特價
顧客
乳製品
購物車
水果
FOR

قەسابى

肉鋪

دكانا نانپىژ

麵包店

وەزن كرن

稱重

سەبزە

蔬菜

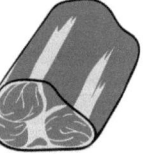

گۆشت

肉

خوارنىڭ جەمەدى

冷凍食品

گۆشتێ سار

冷盤

خوارنا پیلێ

罐頭食品

خوبارێ پاقژکرنێ

洗衣粉

شرینی

甜食

بەرهەمێن ناڤخوەیی

日用品

بەرهەمێن پاقژکرنێ

清潔用品

فرۆشیار

銷售員

خەزنۆک

收銀機

دراڤگر

收銀員

لیستا کڕینێ

購物清單

دەمێن ڤەکری

開放時間

جزدان

錢包

کارتێ قەرزێ

信用卡

چەوال

袋子

چەنتە

塑膠袋

ڤەخوارنان

飲料

ئاف

水

شەربەت

果汁

شیر

牛奶

كۆمر

可樂

شەراب

紅酒

بیرا

啤酒

ئالكۆل

酒

كاكوئ

可可

چاي

茶

قەھوە

咖啡

ئەسپرەسسۆ

義式濃縮咖啡

كاپۆچینۆ

卡布奇諾

مۆز

香蕉

سێڤ

蘋果

پرتەقالی

柳丁

گوندۆر

西瓜

لیمۆن

檸檬

گێزەر

胡蘿蔔

سیر

大蒜

قامر

竹子

پیڤاز

洋蔥

قارچک

蘑菇

گویز

堅果

شهیره

麵條

سپاگێتتی

義大利麵

برنج

米飯

سەلەتە

沙拉

چیپس

薯條

پەتەتەیا براشتی

炸馬鈴薯

پیزا

披薩餅

هامبورگەر

漢堡

نانۆک

三明治

گۆشتێ ستوویێ بەرخی

炸豬排

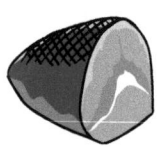

گۆشتێ هشککری

火腿

سالامێ

義大利臘腸

سۆسیس

香腸

مریشک

雞肉

بژارتن

烤肉

ماسی

魚

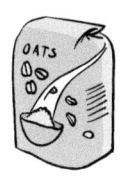

شۆربە بلوول

燕麥片

مووسلى

木斯里

كەرتىڭ گلگلان

玉米片

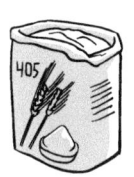

ئارد

麵粉

جرۆسسانت

牛角麵包

سەمموون

麵包捲

نان

麵包

تۆست

吐司

نانک

餅乾

نفيشک

奶油

ماست

凝乳

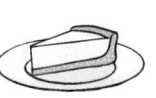

كوليچە

蛋糕

هێک

蛋

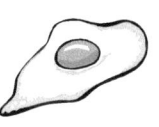

هێکا قملاندى

煎蛋

پەنير

起司

دۆندرمە

冰淇淋

شەکر

糖

هنگڤ

蜂蜜

مرەبا

果醬

خامەیا نۆوگات

巧克力醬

کوڕی

咖哩

جۆتگەه
農場

کادین
糧倉
تەپکا پووشی
稻草捆
田野
馬
کاروان
拖車
تراکتۆر
拖拉機
جانی
馬駒
کەر
驢
بەران
羊
بەرخ
羔羊

بزن
山羊

چێلەک
奶牛

گۆلک
小牛

بەراز
豬

خنزیرک
小豬

بۆخە
公牛

قاز

鵝

مراڤی

鴨

جووچک

小雞

مریشک

母雞

کەلەشێر

公雞

جرج

鼠

کتک

貓

مشک

老鼠

گا

牛

کووچک

狗

خانیا کووچکێ

狗屋

خانی باخێ

花園澆水軟管

قووتیکا ئاڤدانێ

澆水壺

شالووک

長柄大鐮刀

گاسن

犁

داس

鐮刀

مەربێر

鋤頭

دارساپک

長柄草耙

بڤر

斧頭

دەستگەرە

獨輪手推車

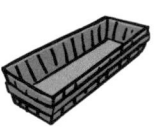

قووتی خوارنا جانداران

飼料槽

قووتی شیر

牛奶罐

توور

麻布袋

چەپەر

柵欄

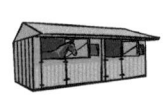

ئاخور

馬廄

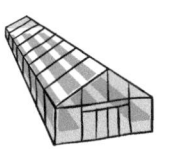

خانا کولیلکان

溫室

ئاخ

土壤

دەندک

種子

پەین

肥料

کۆمباین

聯合收割機

زاد

收割

زاد

收割

پەتەتە

地瓜

گەنم

小麥

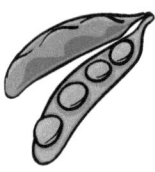

فاسۆلی

大豆

پەتەتە

土豆

دەخل

玉米

دندک

油菜籽

دارێ فێکی

果樹

سێڤێ بن ئەردی

樹薯

زاد

穀物

خانى

房子

بانى
屋頂
بۆريا ناۋى
落水管
پاجە
窗戶
گاراژ
車庫
زەنگلى دەرى
門鈴
دەرى
門
فراخى زبلى
垃圾桶
قوتييا پۆستى
信箱
باخچە
花園

ئۆدا روونشتنى

客廳

هەمام

浴室

مەتبەخ

廚房

ئۆدا خەوێ

臥室

ئۆدەيا زارۆک

兒童房

ئۆدا شيڤێ

餐廳

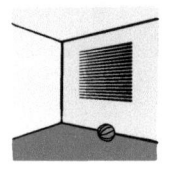

بنی

....

地板

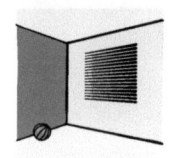

دیوار

....

牆壁

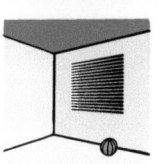

بەربان

....

天花板

خەنزک

....

地窖

ساونا

....

三溫暖

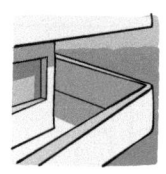

بالکۆن

....

陽臺

بەردانک

....

露臺

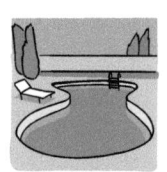

هەوزا مەلەڤانی

....

游泳池

چیمەن بڕ

....

割草機

مەلهەفە

....

被單

بەتانی

....

床罩

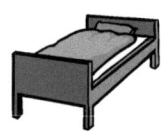

نڤین

....

床

گەزک

....

掃帚

ساتل

....

水桶

کلیل

....

開關

ئۆدا روونشتنێ

客廳

کاخەزێ دیوار
壁紙
وێنە
相片
لامپا
檯燈
رەف
擱架
دۆلاب
櫥櫃
تەلەفیسیۆن
電視
ئاگردان
壁爐
کولیلک
花
سەرین
墊子
قەنەپە
沙發
花瓶
کۆنترۆلا دوور
遙控器

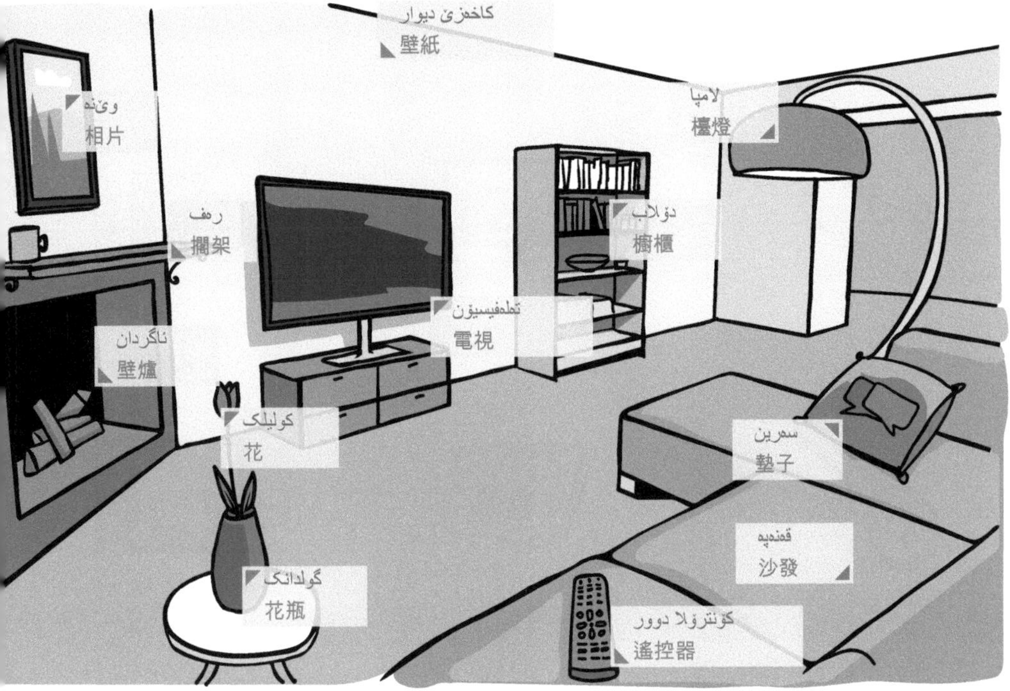

خالیچە

地毯

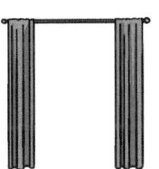

پەردە

窗簾

مێز

餐桌

کورسی

椅子

کورسیا هەژانۆک

搖椅

کورسی

扶手椅

پرتووک

書

بەتانی

毯子

خەملاندن

裝飾品

ئێزنگ

木柴

فیلم

電影

هـ-ف

高傳真音響

کلیل

鑰匙

رۆژنامە

報紙

نیگار

油畫

پۆستەر

海報

رادیۆ

收音機

دەفتەر

筆記本

سڤنکا ئەلەکتریکی

吸塵器

کاکتووس

仙人掌

مۆم

蠟燭

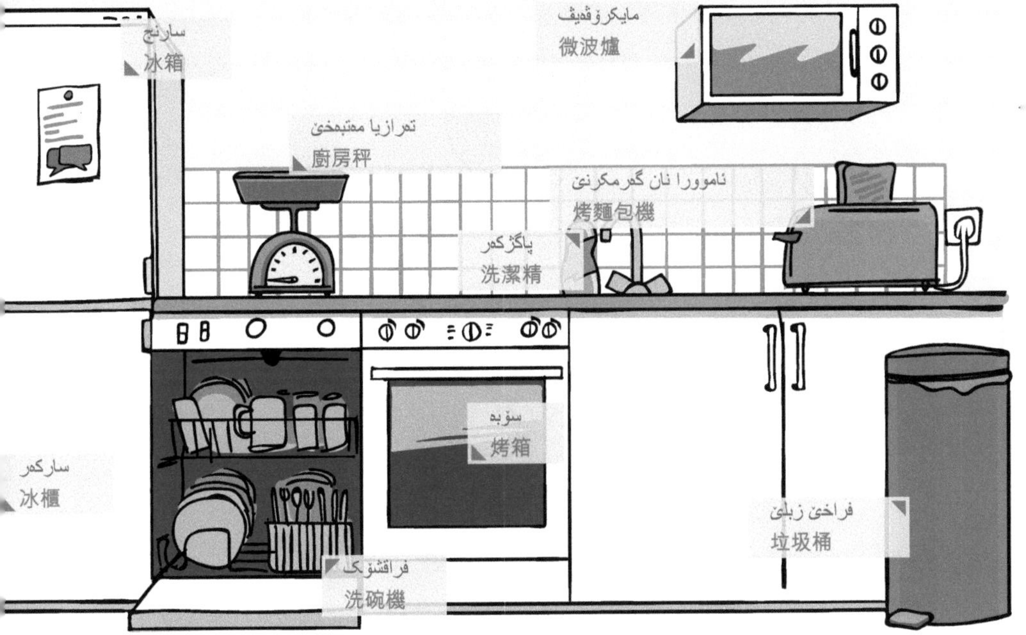

مەتبەخ
廚房

سارنج
冰箱
مایکرۆڤەیف
微波爐
تەرازیا مەتبەخێ
廚房秤
ئاموورا نان گەرمکرنێ
烤麵包機
پاگژکەر
洗潔精
سۆبە
烤箱
سارکەر
冰櫃
فراخێ زبلێ
垃圾桶
فراقشۆک
洗碗機

سۆبە

炊具

ئامان

鍋

ئاماێ ئووتوو

鑄鐵鍋

فراقێ مەزن

炒鍋

دیزک

平底鍋

کەلینک

水壺

مەتبەخ - 廚房

فراقێ هلمێ

蒸鍋

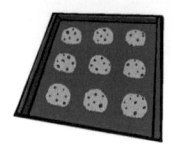

سێنی نانێ

烤盤

فراق

陶瓷鍋

پیاله

馬克杯

کاسک

碗

دارێ نانخوارن

筷子

هەسک

長柄勺

کەڤچیا مەزن

鏟子

رینەک

攪拌器

کەفگیر

濾網

بێژنگ

篩子

رێشکەر

磨碎機

دەستار

研缽

براشتن

燒烤

ئاگرێ ڤالا

明火

تەختەیا برینێ

菜板

دارکێ تیرێ

擀麵杖

دەڤک بادەک

開瓶器

قووتی

罐子

قووتیڤەکر

開罐器

جاوێ ئامانان

隔熱手套

دەستشۆ

水槽

فرچە

刷子

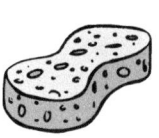

پارازۆا

海綿

تەڤدێر

攪拌機

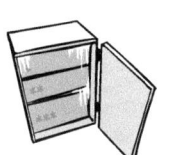

سارکەرێ جەمەدی

冷藏箱

شووشە بەبکان

奶瓶

هەنەفی

水龍頭

ھەمام

浴室

گەرمژانک
供暖裝置
خاولى
毛巾
دووش
淋浴
پەردەيا ھەمامى
浴簾
كەفى ھەمام
泡沫浴
ھەوزا ھەمام
浴缸
قەدەھ
玻璃杯
جلشۇك
洗衣機
ھەنەفى
水龍頭
ئاجوور
瓷磚
توالەتا زاروكان
便壺
دەستشۇ
水槽

توالەت

廁所

توالەتا ئەردى

蹲便器

توالەت

坐浴器

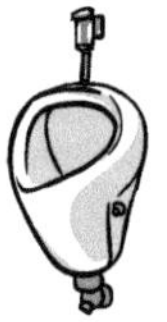

ئاڤدەستخانا مێران

小便斗

كاخەزا توالەت

廁紙

فرشەيا توالەت

馬桶刷

فرچەیا دران

....

牙刷

مەجوونا دران

....

牙膏

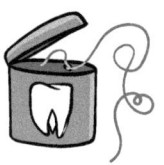

نەخا ددان

....

牙線

شووشتن

....

洗

دووشێ دەستێ

....

手持式蓮蓬頭

دووش

....

沖洗器

دەستشۆ

....

洗臉盆

فرچا پشت

....

洗背刷

سابوون

....

肥皂

جێلێ هەمام

....

沐浴露

شامپۆ

....

洗髮乳

فانیلە

....

法蘭絨

زێراب

....

排水

کرێم

....

乳霜

بێهن خوەشکر

....

除臭劑

مرێک

鏡子

مرێکا دەستێ

手鏡

گووزان

刮鬍刀

کەفێ تەراشینێ

刮鬍泡沫

مەجوونا پشتی تەراشینێ

鬚後水

شەە

梳子

فرچە

刷子

پۆر هیشککر

吹風機

سپرایا پۆرێ

噴髮定型劑

کۆزمەتیک

化妝品

سۆراڤک

唇膏

رەنگێ نینۆک

指甲油

پەمبوو

化妝棉

مەقەستا نینۆک

指甲剪

پارفووم

香水

چەوالىي ھەممامىي

洗漱包

كورسيا بىيپشت

凳子

تەرازى

計重秤

كنجا ھەممامىي

浴袍

لەپكا لاستيكىي

橡膠手套

تامپۆن

衛生棉條

خاوليا پاقژكرنىي

衛生棉

توالەتا كيمييەوى

化學廁所

ئۆدەیا زارۆک

兒童房

دەمژمێرک
鬧鐘
لیستۆک
毛絨玩具
ماشینا لیستۆک
玩具車
خشخشۆک
撥浪鼓
مالا لیستۆک
玩具屋
خەلات
禮物

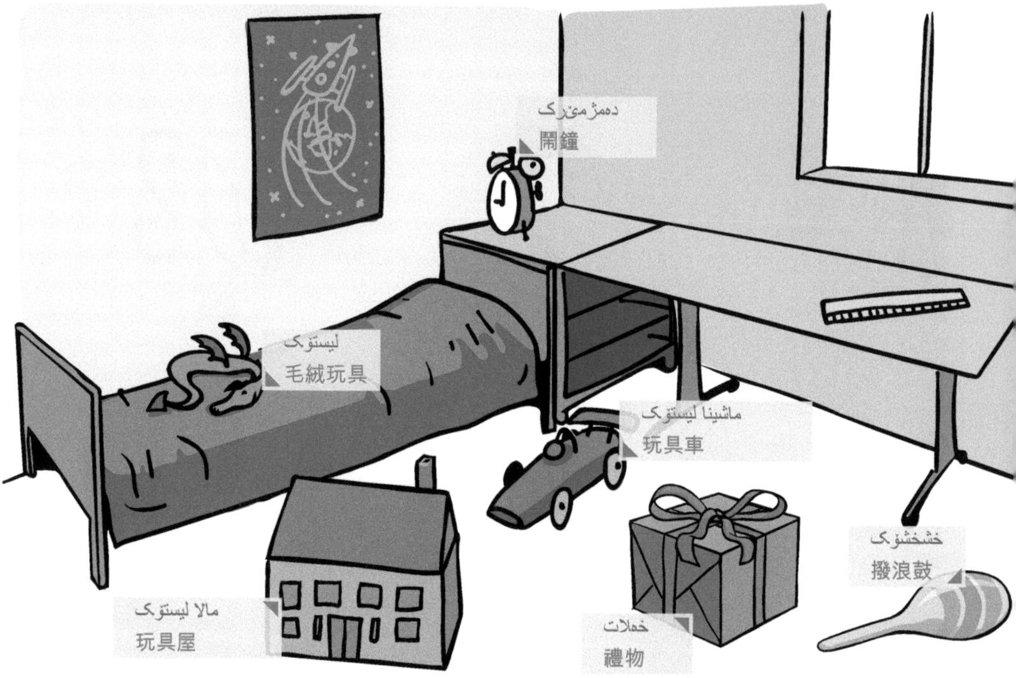

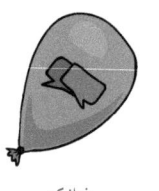

پفدانک
氣球

نڤین
床

کۆچک
嬰兒車

لیستکا کارتێ
撲克牌

فریزبی
拼圖

کۆمیک
漫畫

ئاجوورا لېگو

樂高積木

ئاجوورا لیستۆک

積木玩具

بووکە شووشە

公仔

کنجا بەبکان

嬰兒服

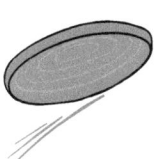

فرزبێ

飛盤

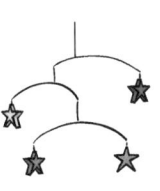

ڤەگو هەستن

床鈴玩具

لیستکێن تەختە

棋盤遊戲

مۆر

骰子

مۆدێلا ترێنێ

火車模型

مەمک

安撫奶嘴

جەژن

派對

کتێبا وێنە

繪本

تۆپ

球

بووکە شووشە

洋娃娃

لەییستن

玩

کونا خیزێ

沙坑

جۆلانە

鞦韆

لیستۆکان

玩具

لیستکا ڤیدەۆیی

電玩遊戲

سێچەرخە

三輪車

هرچا لیستوک

泰迪熊

جلدانک

衣櫃

کنج

衣服

گۆرە

襪子

گۆرە

長襪

دەرپێ‌گۆرێ

緊身褲

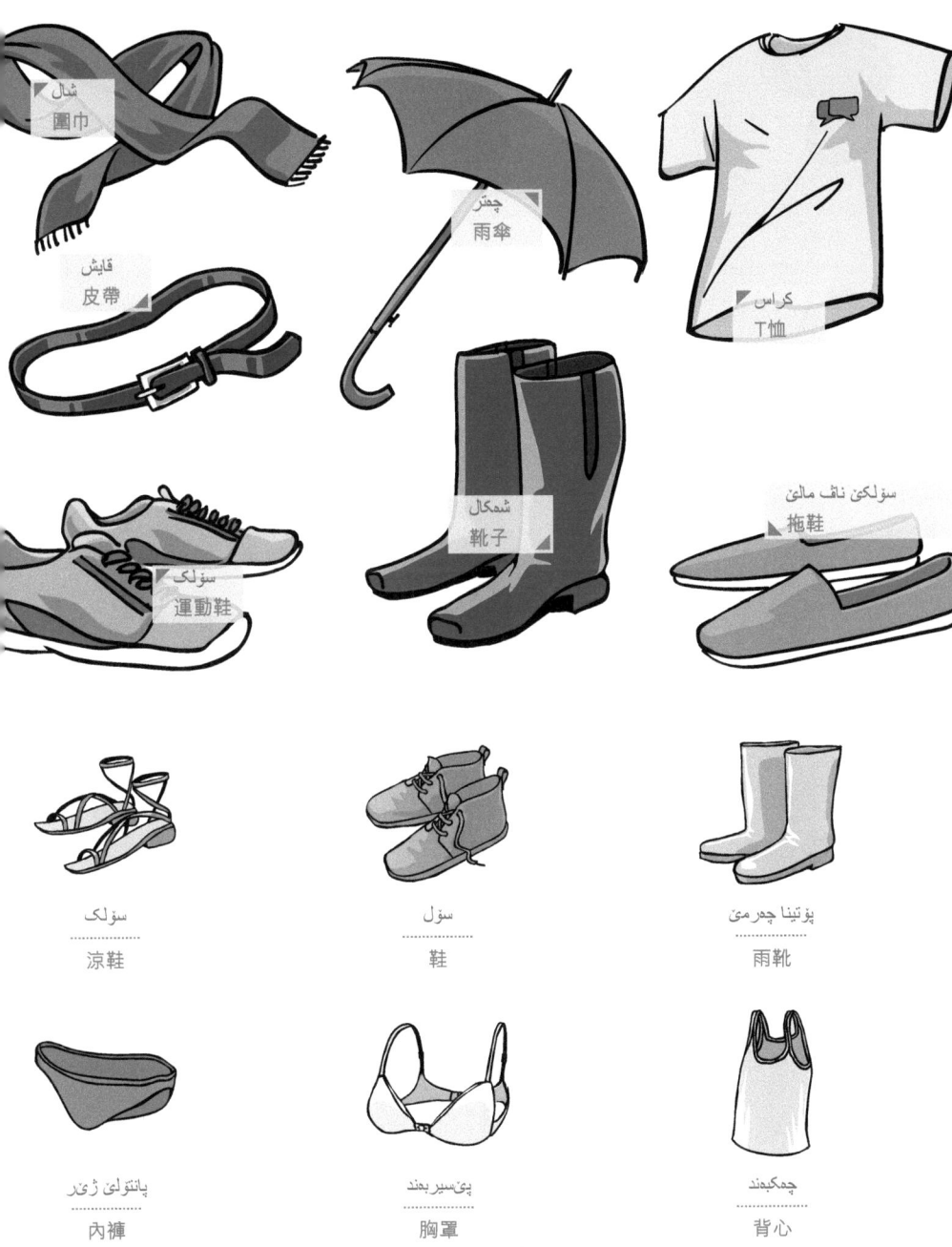

شال
圍巾

皮帶

雨傘

T恤

سۆلک
運動鞋

靴子

سۆلکئ ناڤ مالئ
拖鞋

سۆلک

涼鞋

سۆل

鞋

پۆتينا چەرمئ

雨靴

پانتۆلئ ژئر

內褲

پئسير بەند

胸罩

چەكبەند

背心

جەندەك

身體

پانتۆل

褲子

ژەانس

牛仔褲

دامان

短裙

كراس

女式襯衫

كراس

襯衫

فانىلە

套頭衫

فانىلە

連帽上衣

جاكېت

西裝夾克

ساكۆ

夾克

چاكەت

外套

بارانى

雨衣

لەباس

套裝

فيستان

連衣裙

جلى داوەتى

婚紗

چاكیت
西裝

پێجامە
睡袍

پێجامە
睡衣

ساری
莎麗

لەچک
頭巾

مێزەر
包頭巾

هێرام
波卡

كافتان
卡夫坦

ئەبا
(阿拉伯式)長袍

كنجا ئاژنێكرن
泳衣

جلكا مەلەڤانی
男式泳褲

شۆرت
短褲

جلا هێڤۆژكاری
運動服

پێشمال
圍裙

لەپک
手套

دووگمە

鈕扣

بەرچاڤک

眼鏡

بازن

手鏈

گەردەنی

項鍊

گوستیل

戒指

گوهارک

耳環

دەڤک

便帽

هلاڤستەک

衣架

کووم

帽子

کراوات

領帶

زیپ

拉鍊

سەرپارێز

安全帽

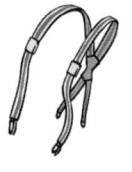

دەرزی

背帶

کنجا دبستانێ

校服

یوونیفۆرم

制服

بەردلک

圍兜

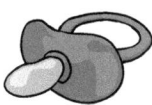

مەمک

安撫奶嘴

پونداخ

尿布

ئۆفيس

辦公室

پىشكەشكەر
伺服器
دۆلابى بەلگە
檔案櫃
كاخەز
紙
چاپەر
印表機
نيشاندەر
螢幕

كاسكا قەھوە

咖啡杯

ھەسابكەر

計算機

ئىنتەرنەت

網際網路

کۆمپیوتەرا لاپتۆپ

筆記型電腦

نامە

信件

پەیام

簡訊

تەلەفۆنا مۆبیل

行動電話

تۆر

網路

مەکینا فۆتۆکۆپی

影印機

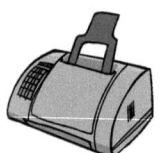

سۆفتوارە

軟體

تەلەفۆن

電話

سۆجکەتا فیشەک

插座

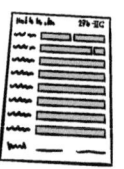

مەکینا فاخێ

傳真機

فۆرم

表格

بەلگە

檔案

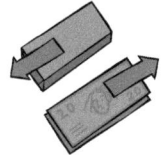

کڕین

買

پەرە دان

付錢

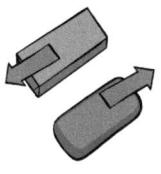

بازرگانی

交易

پەرە

現金

دۆڵار

美元

یۆرۆ

歐元

یەنێ ژاپۆنێ

日元

رۆبلێ رووسی

盧布

فرانکێ سویسێ

瑞士法郎

یوانێ چینێ

人民幣

رووپێ هندی

盧比

مەکینا ژخوەبەرا دراڤ

提款處

ئۆفیسا پەرە ڤەگوهارتنێ

外幣兌換處

زێڕ

金

زیڤ

銀

نەفت

石油

وزە

能源

بها

價格

پەیمان

合約

تاخ

稅金

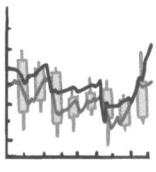

سەهام

股票

کارکرن

工作

کارکەر

職員

کاردا

老闆

فابریکا

工廠

دکان

商店

پۆلیس
警官
ئاگرکوژ
消防員
廚師
بژیشک
醫師
فرۆکەڤان
飛行員

باخچەڤان

園丁

نەجار

木匠

درووнڤان

裁縫

هاکم

法官

شیمیازان

化學家

شانۆگەر

演員

شوفېرې باسې

公車司機

شوفېرەكى تاكسېي

計程車司機

ماسيڤان

漁夫

پاگژكەر

清洗女工

چېكرې بانى

屋頂工

بەركار

服務生

نېچرڤان

獵人

رەنگرېس

畫家

نانپېژ

麵包師

كارەباڤان

電工

ئاڤاكەر

建築工人

ئەندەزيار

工程師

قەساب

屠夫

لوولەكار

水管工

پۆستەڤان

郵差

ئەسكەر

士兵

مىمار

建築師

دراڤگر

收銀員

فرۆتكارا چيچەكان

花農

پۆرچىكەر

理髮師

ئاژۆڤان

售票員

مەكانيک

機械技師

كەشتيڤان

船長

پزيشكا ددانان

牙醫

زانستيار

科學家

رووهان

拉比

ئيمام

伊瑪目

كەشە

和尚

كەشيش

牧師

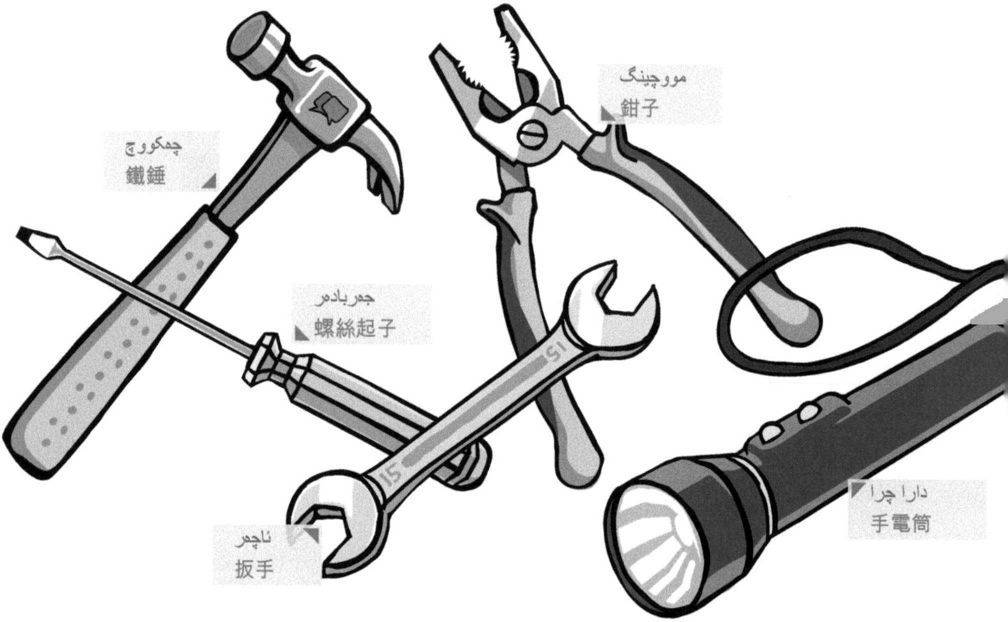

ئامووران

工具

鐵錘
螺絲起子
مووچینگ
鉗子
扳手
دارا چرا
手電筒

شۆفەل
....
挖掘機

قووتیا ئامووران
....
工具箱

پەیژە
....
梯子

مشار
....
鋸子

میخ
....
釘子

قولکرن
....
鑽機

چىٚگرن

修

مەربىٚر

鏟子

نالەت!

糟糕！

بىٚل

畚箕

قووتيا رەنگىٚ

油漆桶

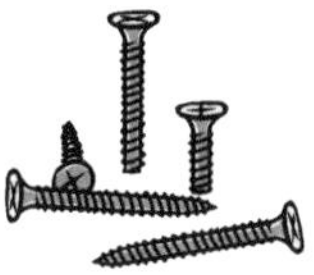

جەر

螺絲

ئاموورىٚن مووزيكىٚ

樂器

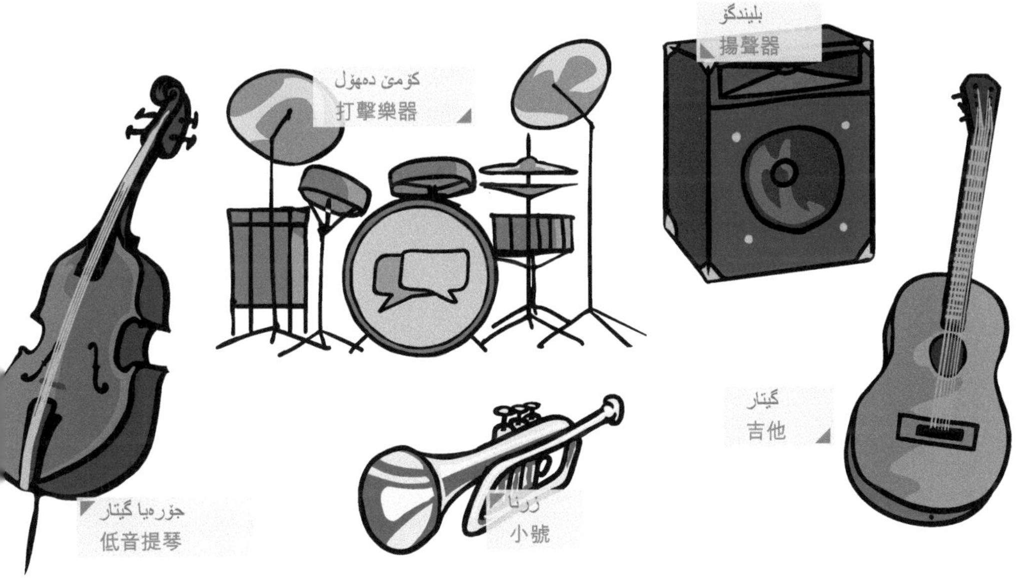
بليندگو
揚聲器
گومىٚ دەهۆل
打擊樂器
گيتار
吉他
جۆرەيا گيتار
低音提琴
زرنا
小號

پیانۆ

鋼琴

ۋیۆلین

小提琴

باس

貝斯

دەهۆل

定音鼓

داهۆل

鼓

كەیبۆارد

電子琴

ساكسۆفۆن

薩克斯風

بلوور

長笛

میكرۆفۆن

麥克風

باخچا هەیوانان

動物園

ناڤدەر
入口
老虎
قەفەس
籠子
کەری چیا
斑馬
خوارنا هەیوان
پاندا
熊貓

هەیوان

動物

فیل

大象

کانگاروو

袋鼠

کەرکەدەن

犀牛

گۆریل

大猩猩

هرچ

熊

هێشتر

駱駝

هێشترمه

駝鳥

شێر

獅子

مەیموون

猴子

فلامینگۆ

紅鶴

پاپاخان

鸚鵡

هرچا جەمسەری

北極熊

پەنگوین

企鵝

سەماسی

鯊魚

تاووس

孔雀

مار

蛇

تمساه

鱷魚

پارێزەرا باخچا ئاژالان

動物園管理員

سەیا دەریا

海豹

پلنگ

美洲豹

هەسپ

矮種馬

پڵنگ

豹

هەسپێ رووبار

河馬

جانەێشتر

長頸鹿

هەڵۆ

老鷹

بەرازێ کۆڤی

野豬

ماسی

魚

کووسی

龜

والراس

海象

رۆڤی

狐狸

خەزال

羚羊

وەرزش

體育

فووتبۆلى ئامەريكا
橄欖球
بسكلىتان
騎腳踏車
تەنيس
網球
باسكىتبۆل
籃球
ئاۋزەنيكرن
游泳
بۆخنگ
拳擊
هۆكەيا سەر جەمەدێ
冰球

فووتبۆل

美式足球

بادمنتۆن

羽毛球

يێ ئاتلەتيزمێ

田徑

هەندبۆل

手球

بەفراژۆتن

滑雪

پۆلۆ

馬球

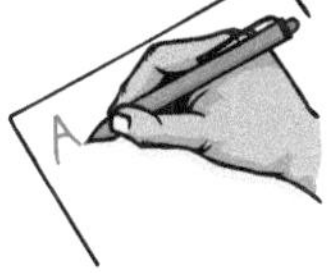

کەنین
笑

ھەمبێز
擁抱

بەیەھجوون
走路

ھلپمکە
跳

لاوژە گوتن
唱

خەون دیتن
做夢

نوێژ کرن
祈禱

ماچکرن
親吻

نڤیساندن
書寫

نیگار کێشان
畫

نیشان دان
展示

پالدان
推

دایین
給

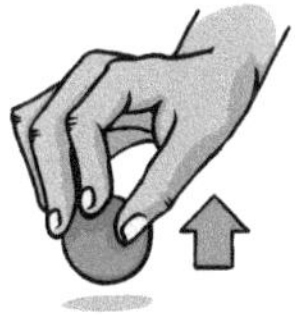

راکرن
拿

هەبین

有

کرن

做

بوون

當

سەکنین

站

بازدان

跑

کشاندن

拉

ئاڤێتن

丟

کەتن

摔倒

دەرەو کرن

躺

سەکنین

等待

گوهێزتن

攜帶

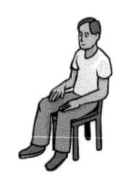

روونشتن

坐

جل بەرکرن

穿衣

رازان

睡覺

رابوون

醒來

مێزە کرن

看

گرین

哭

جەلتە

擊

شە کرن

梳頭

پەیڤین

交談

فامکرن

明白

پرسکرن

問

بهیستن

聽

ڤەخوارن

喝

خوارن

吃

کۆم کرن

清理

هەزکرن

愛

خوارن چێکرن

做飯

ئاژۆتن

開車

فڕین

飛

کەشتیڤانی

航行

هەسباندن

計算

خواندن

讀

هینبوون

學習

کارکرن

工作

زەوجین

結婚

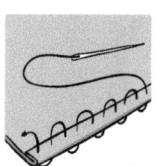

درووتن

縫

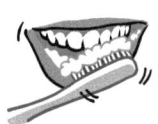

ددان شووتن

刷牙

کوشتن

殺

دووخان

抽菸

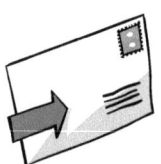

شاندن

寄

داپیر
祖母
باپیر
祖父
父親
母親
嬰兒
女兒
کور
兒子

مێڤان

客人

مەت

阿姨

ئاپ/خال

叔叔

برا

兄弟

خوشل

姐妹

بەدەن

身體

前額
眼睛
臉
زەنی
下巴
手指
دەست
手
سینگ
乳房
پیل
手臂
مل
肩膀
لنگ
腿

بەبەک

嬰兒

مێر

男人

ژن

女人

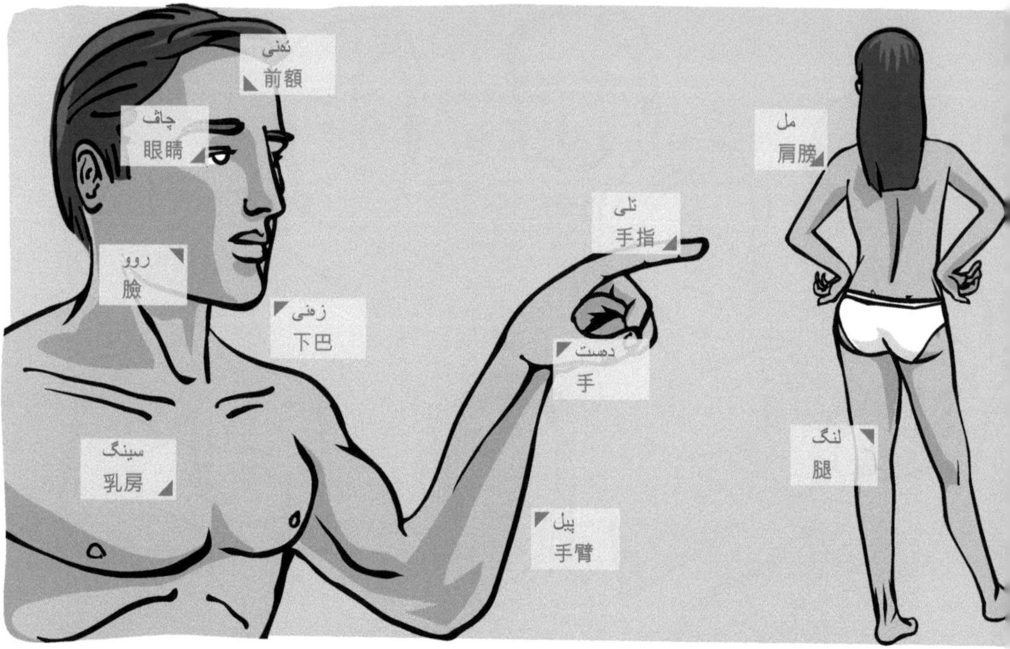

کەچ

女孩

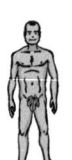

کۆر

男孩

سەر

頭

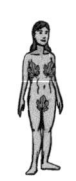

پشت

背部

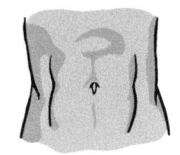

زک

肚子

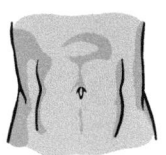

ناڤک

肚臍

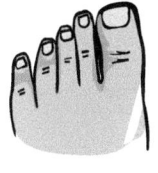

تلییا پێ

腳趾

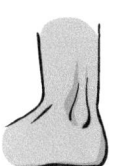

پانی

腳後跟

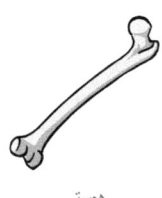

هەستی

骨頭

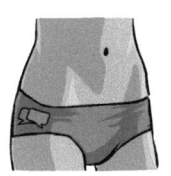

کوولیمەک

臀部

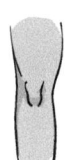

ژوونی

膝蓋

ئەنیشک

手肘

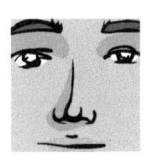

دفن

鼻子

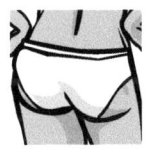

قوون

屁股

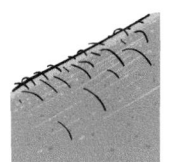

چەرم

皮膚

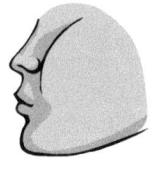

روو

臉頰

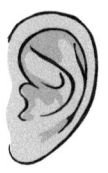

گووه

耳朵

لێڤ

嘴唇

دەڤ

嘴

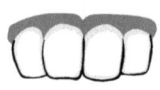

دران

牙齒

زمان

舌頭

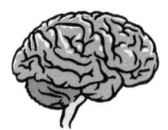

مێژی

腦

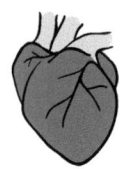

دل

心臟

ماسوول

肌肉

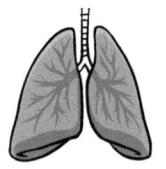

جیگەرا سپی

肺

جەگەر

肝臟

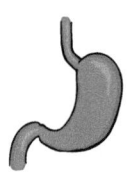

مادە

胃

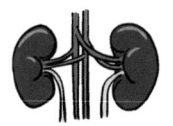

گوورچکان

腎臟

جۆتبوون

性交

کۆندۆم

保險套

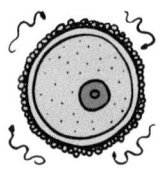

هێک

卵子

تۆڤ

精子

دووجانی

懷孕

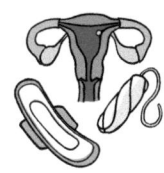

ناده
....
月事

قووز
....
陰道

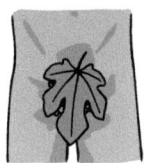

كير
....
陰莖

بروو
....
眉毛

پۆر
....
頭髮

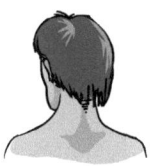

هووستوو
....
脖子

نەخوەشخانە

醫院

بژیشک

醫師

ئۆدا لەزگینێ

急診室

نەخوەشیار

護理師

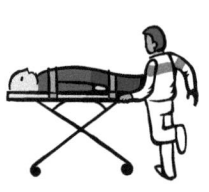

ئاجیلییەت

緊急情形

بێهای

昏迷

ئێش

痛

برين

受傷

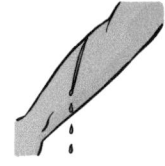

خوينپژان

出血

هێرشا دلی

心臟病發作

جەلتە

中風

ئالەرژی

過敏

کوخک

咳嗽

تا

發燒

زکام

流感

ناڤچووين

腹瀉

سەرێش

頭痛

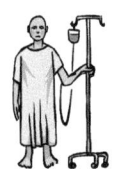

قانسێر

癌症

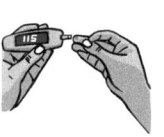

نەخوشیا شەکرێ

糖尿病

ئەمەلیکار

外科醫師

سکالپێل

手術刀

ئەمەلی

手術

جت

電腦斷層掃描

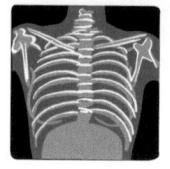

سوورەتی ڕۆنتگێن

X光

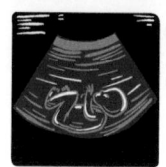

ئوولتراساوند

超音波

ماسکی ڕوویی

口罩

نەخۆشی

疾病

ئۆدا سەکنینێ

候診室

گۆچان

拐杖

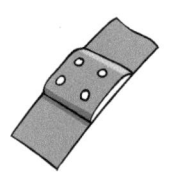

شێل

石膏

پاچێ برینپێچانێ

繃帶

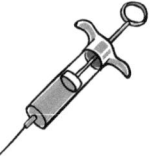

دەرزی

注射

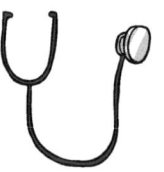

بیستۆکا پزیشکی

聽診器

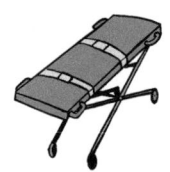

داربەست

擔架

تێهنپیڤا کلینیکێ

體溫計

زایین

出生

قەلەو

超重

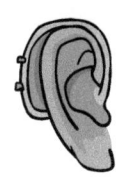

ئالیکاریا بهیستنێ

助聽器

باکتەریکوژ

消毒液

کۆتیبوون

感染

ڤیرووس

病毒

هڤ / ئادس

愛滋病

دەرمان

藥物

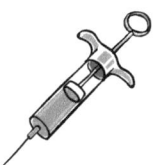

کوتان

接種疫苗

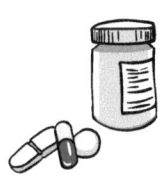

هەبان

藥片

هەب

藥丸

لەزگین

急救電話

دیمەندەرێ پەستۆ خوین

血壓計

نەخوەش / ساخ

生病/健康

ئاجیلییەت

緊急情形

هەوار!

救命！

ئالارم

警報

ئێریش

突擊

ئێریشکرن

攻擊

تالووک

危險

دەرکەتنا ئاجل

緊急出口

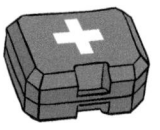

ئاگر!

失火了！

ئاگر ڤەمراندنێ

滅火器

قەزا

意外

ئالەتێن ئالیکاریا یەکەم

急救箱

سۆس

呼救訊號

پۆلیس

員警

ئەورۆپا

歐洲

ئامەریکایا باکوور

北美洲

ئامەریکایا باشوور

南美洲

ئافریکا

非洲

ئاسیا

亞洲

ئاووسترالیا

澳洲

ئاتلانتیک

大西洋

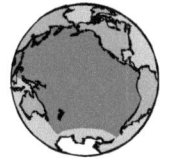

ئۆکیانووسا مەزن

太平洋

ئۆکیانووسا هندی

印度洋

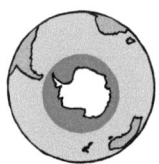

ئۆکیانووسا ئانتارکتیکا

南冰洋

ئۆکیانووسا ئارکتیک

北冰洋

جەمسەرا باکوور

北極

جەمسەرا باشوور

南極

ئانتارکتیکا

南極洲

ئەرد

地球

ئاخ

陸地

بەهر

海

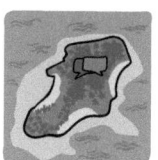

دوورگە

島

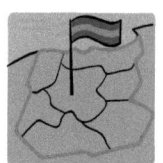

مڵلەت

國家

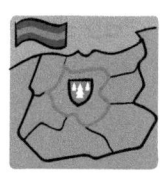

وەلات

州

ساعەت

鐘錶

روویێ ساعەت

錶盤

نشاندەرکا دەمژمێر

時針

نشاندەرکا دەقە

分針

نشاندەرکا سانیە

秒針

سێت چەندە؟

現在幾點？

رۆژ

天

دەم

時間

نها

現在

ساعەتێ دجیتال

電子錶

دەقە

分

سێت

時

دووشەم
週一

چارشەم
週三

یەذ/ھەینی
週五

TU

TH

شەمی
週六

سێشەم
週二

پێنجشەم
週四

یەکشەم
週日

دوه
昨天

ئێرۆ
今天

سبەی
明天

سبە
早晨

نیڤرۆ
中午

ئێڤار
晚上

MO	TU	WE	TH	FR	SA	SU
	1	2	3	4	5	6	7

رۆژئنن کاری
工作日

داویا ھەفتە
週末

باران
雨

بهار
春

كمسكمسۆر
彩虹

با
風

هاڤین
夏

پاییز
秋

بهفر
雪

زفستان
冬

پێشبینیا هەوا

天氣預告

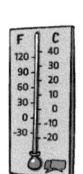

تەهنیبیق

溫度計

تاڤ

陽光

هەور

雲

مژ

霧

هێمی

潮濕

برق

閃電

برووسک

打雷

تۆفان

風暴

تەرگ

冰雹

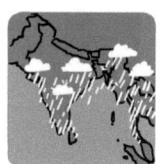

مانسوون

季風

لەهی

洪水

جەمەد

冰

ڕێبەندان

一月

ڕەشەمە

二月

نەورۆز

三月

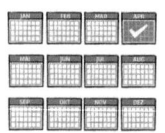

گوڵان

四月

جۆزەردان

五月

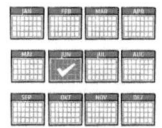

پووشپەڕ

六月

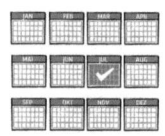

گەلاوێژ

七月

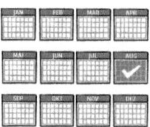

خەرمانان

八月

ڕەزبەر

九月

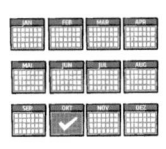

کەوچێڕ

十月

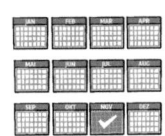

سەرماوەز

十一月

بەفرانبار

十二月

شێوە

形狀

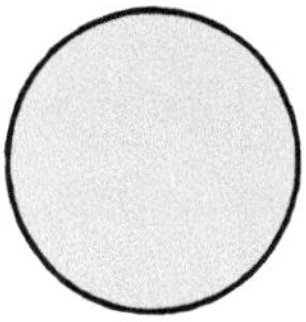

چەمبەر

圓形

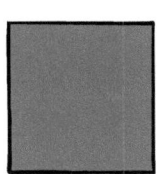

چارچک

正方形

چارقۆزی

長方形

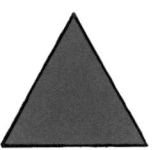

سێقۆزی

三角形

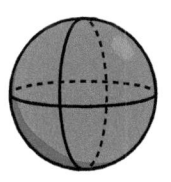

قادا

球體

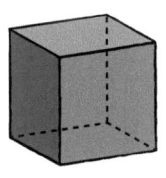

خشتەک

立方體

رەنگان

顏色

سپی

白

زەر

黃

پرتەقالی

橙

پەمبە

粉

سۆر

紅

مۆر

紫

شین

藍

کەسک

綠

قەهوەیی

棕

گەور

灰

رەش

黑

بەرامبەران

反義詞

بەدەو / نەرند

美/醜

ب هێرس / بێدەنگ

生氣/平靜

زۆر / کێم

很多/少許

رۆنی / تاری

明/暗

مەزن / بچووک

大/小

دەستپێک / داوی

首/尾

تەڤی / نەتەمام

完整/缺失

پاگژ / گرێژ

乾淨/骯髒

براک / خوشک

兄弟/姐妹

فره / تەنگ

寬/窄

مری / زندی

死/生

رۆژ / شەڤ

白天/晚上

خوەش / نەخوەش

可食用/非食用

نەباش / باش

邪惡/善良

ب هەيەجان / ئاجز

興奮/無聊

قەلەو / زراڤ

胖/瘦

يەكەمين / داوين

第一/最後

هەڤال / دژمن

朋友/敵人

تژى / ڤالا

滿/空

رەق / نەرم

硬/軟

گران / سڤک

重/輕

برچى / تينى

餓/渴

نەخوەش / ساخ

生病/健康

نەقانوونى / قانوونى

非法/合法

رەوشەنبير / بالوولە

聰明/愚笨

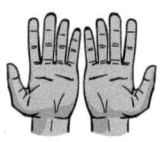

چەپ / راست

左/右

نێزى / دوور

近/遠

نوو / بکارهاتی

新/舊

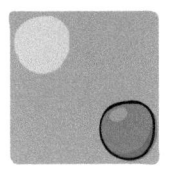

هیچ / تشتەک

沒有/有些

کال / جوان

老/幼

ل / ژ

開/關

ڤەکری / گرتی

打開/闔上

ئارام / دەنگبلند

安靜/吵鬧

دەولەمەند / رەبەن

富/窮

راست / شاش

對/錯

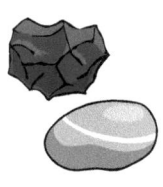

دڕ / هلوو

粗糙/光滑

خەمگین / شا

傷心/高興

کورت / درێژ

短/長

هێدی / زوو

慢/快

شل / زوا

濕/乾

گەرم / هێنک

溫暖/涼爽

شەڕ / ئاشتی

戰爭/和平

هەژماران

數字

0

سفر

零

1

یەک

一

2

دوو

二

3

سێ

三

4

چار

四

5

پێنج

五

6

شەش

六

7

هەفت

七

8

هەشت

八

9

نەه

九

10

دەه

十

11

یازدە

十一

12

دازده
....
十二

13

سێزده
....
十三

14

چارده
....
十四

15

پازده
....
十五

16

شازده
....
十六

17

هەڤده
....
十七

18

هەژده
....
十八

19

نۆزدەه
....
十九

20

بیست
....
二十

100

سەد
....
百

1.000

هەزار
....
千

1.000.000

ملیۆن
....
百萬

زمانان

語言

ئینگلیزی

英語

ئنگلیزیا ئامەریکی

美式英語

چینی ماندارین

普通話

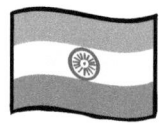

هێندی

印地語

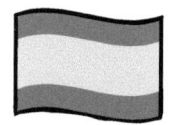

ئیسپانیۆلی

西班牙語

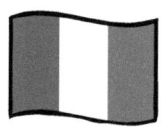

فرەنسی

法語

ئەرەبی

阿拉伯語

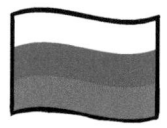

رووسی

俄語

پۆرتوگالی

葡萄牙語

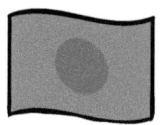

بەنگالی

孟加拉語

ئەلمانی

德語

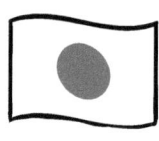

ژاپۆنی

日語

کی / چ / چاوا

誰/什麼/如何

من

我

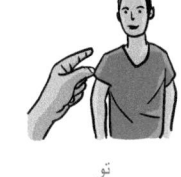

تو

你

ئەو / ئەڤ / ئەو

他/她/它

ئەم

我們

تو

你們

ئەو

他們

کی؟

誰？

چ؟

什麼？

چاوا؟

如何？

کیدەرێ؟

何處？

کەنگی؟

何時？

ناڤ

名字

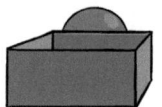

کوو
方位

پشتی

後面

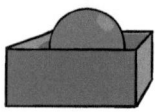

裡面

پێشی

前面

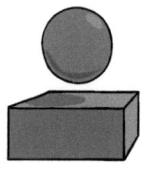

سەر

上方

سەر

上面

بن

下麵

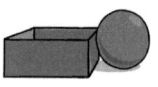

کێلەک

旁邊

ناقبەر

中間

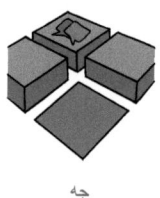

جە

地點